COMMANDANT M...

L'Arme économique des Alliés

PARIS

LIBRAIRIE BERNARD GRASSET

61, Rue des Saints-Pères, 61

1918

L'ARME ÉCONOMIQUE DES ALLIÉS

I

Le monde contre l'Allemagne et l'idée d'une ligue économique des Alliés

Au cours de la lutte qu'elles soutiennent sans faiblir contre les Empires centraux et leurs alliés, les Puissances de l'Entente n'ont jamais douté du succès final. En vain les Allemands, grâce à l'emploi méthodique qu'ils ont su faire de leurs forces toujours appliquées en masse au point sensible de l'adversaire, ont poursuivi leurs succès militaires sur les fronts autres que le front franco-britannique. Nous n'avons jamais perdu la conviction que nous finirions par l'emporter ; les chefs d'État dans les cérémonies officielles, les ministres à la tribune du Parlement l'ont proclamé à mainte reprise. La presse n'a pas cessé de le répéter, faisant pénétrer cette certitude au plus profond des masses populaires.

Malgré les apparences, car à vrai dire la puissance des Empires centraux ne montrait aucun signe d'affaiblissement, les faits ont donné raison à ces espoirs. L'année 1917 a vu se produire un événement d'une importance considérable par lui-même et par ses conséquences : l'entrée en guerre des Etats-Unis, depuis si longtemps espérée, retardée par des difficultés de toute sorte dont purent triompher l'esprit politique du président Wilson, son habileté, sa ténacité, parfaitement servies, faut-il ajouter, par les maladresses de l'Allemagne d'une part, la Révolution russe de l'autre.

La Chine les suivit presque immédiatement; elle rompit d'abord les relations diplomatiques avec l'Allemagne, puis lui déclara la guerre. Comme le Japon, en dépit des intrigues allemandes, reste invariablement fidèle à l'Entente, c'était l'Asie entière qui se dressait contre les Empires germaniques.

Restait à entraîner l'Amérique du Sud; l'Allemagne s'y était ménagé, à défaut des sympathies qu'elle est impuissante à gagner, des appuis qu'elle pouvait croire solides, parce qu'ils reposaient sur l'enchevêtrement des intérêts. En 1915, les Républiques sud-américaines s'étaient associées par le pacte de Buenos-Ayres pour maintenir leur neutralité. Seuls les Etats-Unis étaient capables de dissoudre cette entente. Par une propagande systématique, une habile politique financière, une pression économique exercée à propos ils y réussirent et parvinrent à s'assurer le concours politique des Etats qui la composaient.

Ils obtinrent d'abord l'adhésion du Brésil qui, le 3 juin, rompait ses relations diplomatiques avec l'Allemagne, sans d'ailleurs lui déclarer la guerre.

Après un temps d'arrêt, l'affaire Luxburg (septembre) leur servit de prétexte pour reprendre leurs efforts du côté de l'Argentine, cette fois avec un succès plus grand que précédemment : la Chambre se prononça pour la rupture. Mais le gouvernement s'opposa encore à la déclaration de guerre.

Costa-Rica avait rompu avec l'Allemagne dès le 25 septembre; le 6 octobre le Pérou suivit son exemple, puis le 7 et le 18 ce furent l'Uruguay et l'Equateur. Enfin le Brésil entra en guerre le 27 octobre : coup particulièrement sensible pour l'Allemagne, car elle se croyait sûre de cet Etat qu'elle tenait par des liens forts et multiples.

Parmi les grands Etats de l'Amérique du sud et de l'Amérique centrale, le Mexique, le Paraguay et le Chili seuls ont maintenu leur neutralité.

Si l'on en excepte les Etats-Unis, il est bien évident que nous n'avons aucune aide militaire à attendre de ces nouveaux alliés. Leur accession à l'Entente n'en a pas moins une immense importance : elle permet à celle-ci d'établir une vaste Ligue qui poursuivra la réalisation d'un projet visant à coaliser contre l'Allemagne la plus grande partie du monde civilisé. Le commerce allemand à l'extérieur se trouvera donc à sa merci. Il perd les points d'appui qu'il s'était créés sur toute la surface du globe au prix de tant d'efforts. Après la guerre, comme il ne pourra pas se rattacher à quelque chose d'existant, tout sera à recommencer et il ne dépendra que de nous qu'il ne recommence pas de la même manière.

L'idée était depuis longtemps en l'air quand le Président Wilson, fort de l'autorité qu'il tire de l'énorme appoint que représentent dans la lutte les Etats-Unis, l'a proclamée dans son message du 4 décembre dernier.

Il avait d'abord répudié un boycottage économique dirigé contre l'Allemagne. Lui-même imbu, comme son peuple, de l'idéalisme le plus élevé, il lui répugnait d'employer un pareil moyen dans une lutte soutenue pour assurer le triomphe définitif de la justice et de la liberté. C'est le gouvernement allemand, disait-il, ce n'est pas le peuple allemand que les Etats-Unis veulent frapper. Ce gouvernement devait être abattu par la force des armes, sur laquelle il s'appuyait.

Mais si le peuple se solidarisait avec lui et le soutenait dans ses visées militaires et impérialistes, au lieu de lui imposer une politique conforme au droit des gens et aux aspirations communes aujourd'hui à toutes les nations civilisées, il faudrait alors agir sur le peuple lui-même. D'abord, lui infliger une sanction pour le trouble apporté dans le monde entier par l'agression dont il s'est rendu complice. Ensuite, prendre des garanties contre une récidive, puisque, d'une manière incontestable, il partage l'état d'esprit de son gouvernement, quand il ne l'inspire pas lui-même.

Comment le frapper ? Dans ses intérêts et son amour-propre. Il a voulu la guerre pour étendre sa domination économique : le pangermanisme n'était au fond qu'une entreprise visant à faire du monde une immense coopérative, où la plus grosse part de bénéfices aurait été réservée à l'Allemagne. Tous les Etats de l'Europe, de l'Asie, de l'Amérique devaient devenir des comptoirs ouverts au commerçant allemand, qui y dominerait sans contestation après en avoir évincé ses rivaux. Son châtiment sera de voir s'effondrer ce rêve ambitieux ; l'arme employée contre lui sera l'arme économique. Le président Wilson a formulé le principe en ces termes : « Si l'Allemagne continuait à vivre sous le gouvernement d'hommes ou de classes d'hommes auxquels les autres peuples du monde ne pourraient pas se fier, il serait impossible de l'admettre aux libres rapports économiques qui doivent inévitablement sortir des autres associations pour une véritable paix. »

La menace est claire. Voyons dans quelle mesure elle porte.

II

L'expansion commerciale de l'Allemagne avant la guerre

Pour des raisons nombreuses dont la plus efficace est un système politique où tout est combiné pour mettre lés forces de l'Etat au service des efforts individuels, l'Allemagne était en train de devenir, avant la guerre, la première puissance industrielle et commerciale du monde. Elle conquérait l'un après l'autre tous les marchés. Mieux que de longs discours, le tableau ci-dessous permettra de juger de ses progrès, en établissant la comparaison de son commerce d'exportation avec celui des trois grands pays exportateurs, l'Angleterre, la France et les Etats-Unis, depuis 1898, c'est-à-dire depuis l'époque où elle s'est mis à croître avec une rapidité particulière.

	ANGLETERRE	ALLEMAGNE	ÉTATS-UNIS	FRANCE
	millions de livres	millions de marks	millions de dollars	millions de francs
1898...........	294	.756	1.210	3.510
1899...........	329	4.207	1.203	4.152
1900...........	354	4.611	1.370	4.108
1901...........	347	4.431	1.460	4.012
1902...........	349	4.677	1.355	4.252
1903...........	360	5.014	1.399	4.252
1904...........	371	5.222	1.435	4.451
1905...........	407	5.731	1.491	4.866
1906...........	460	6.359	1.718	5.265
1907...........	518	6.845	1.853	5.296
1908...........	456	6.398	1.831	5.050
1909...........	469	6.591	1.638	5.718
1910...........	531	7.474	1.710	6.233
1911...........	556	8.106	2.013	6.076
1912...........	599	8.956	2.170	6.712
1913 (1)........	635	10.080	2.428	6.875

(1) Chiffres provisoires.

Ainsi, de 1898 à 1913, soit dans l'espace de quinze ans, les exportations ont augmenté de 168 % en Allemagne, de 115 % en Angleterre, de 100 % aux États-Unis, de 95 % en France.

Si maintenant au lieu de mesurer l'accroissement absolu des exportations nous le mesurons dans son rapport à la population, autrement dit par tête d'habitant, nous constatons, au cours de la période dont il s'agit, un accroissement de 117 % en Allemagne, de 91 % en France, de 87 % en Grande-Bretagne, de 50 % aux États-Unis.

Dans les deux cas, l'Allemagne tient donc la tête, et de beaucoup [1]. A la veille de la guerre elle était en train d'établir son hégémonie économique sur le monde entier.

Nous n'insisterons pas. Il fallait seulement rappeler ces chiffres pour montrer que la menace sera d'autant plus efficace que les intérêts qu'elle peut atteindre sont plus importants.

Voyons maintenant comment elle pourra s'appliquer.

---

1. Extrait du Rapport fait par M. Landry, député, au nom de la Commission du commerce et de l'industrie de la Chambre sur le commerce d'exportation (Annexe au Procès-verbal de la séance du 8 juillet 1915).

III

Les produits nécessaires à l'Allemagne

Le tableau ci-dessous résume la valeur des importations en Allemagne des principaux pays alliés(chiffres de 1913).

millions de marks

Russie (Finlande comprise). . .	1.470
Grande-Bretagne	876
France.	584
Afrique britannique	222
Italie	318
Indes britanniques.	542
Japon	47
Canada.	64
Australie et Nouvelle Zélande. .	306

Au total, 4.429 millions de marks. Comme il faut y ajouter les importations qui passent par d'autres pays et celles de la Belgique, de la Chine, du Brésil, etc., l'Allemagne achète à ses ennemis d'aujourd'hui pour plus de 5 milliards par an.

C'est donc chez les peuples ligués contre eux qu'avant la guerre les Allemands se procuraient la plus grande partie des produits et des matières premières qui leur sont nécessaires, d'une part pour leur alimentation, de l'autre pour le fonctionnement de leurs industries.

Ils le savent bien ; c'est pourquoi l'entrée en guerre des Etats-Unis leur a paru un coup terrible ; ils ont reproché à leur gouvernement de n'avoir pas su l'éviter, ni prévu les répercussions qu'elle entraînerait : « Nous sommes placés d'une façon nette et inexorable devant cette alternative : être une puissance mondiale, ou devenir une puissance de troisième rang [1]. »

C'est la conséquence de la politique économique pratiquée avant la guerre. « Elle nous a enrichis, mais c'était un édifice aux fondations d'argiles. Les richesses que nous avions acquises outre-mer n'avaient pas poussé de racines sur le sol allemand : nous les devions à la condescendance des Anglais et des Américains, qui voulaient bien accorder à nos entreprises d'outre-mer l'hospitalité de leurs vastes colonies. »

Il ne peut pas être question de reproduire ici les statistiques impériales allemandes, qui nous donneraient le détail de tous les produits nécessaires à l'Allemagne, avec l'indication de leur provenance. Passons seulement en revue les plus importants [2].

a) Produits nécessaires à l'industrie.

La laine.

La laine d'abord. L'industrie des tissus et du vêtement occupait en Allemagne, dès 1907, 2 millions et demi d'ouvriers. Pour cette industrie, 5 millions et demi de moutons indigènes produisaient avant la guerre à peine pour 30 millions de marks de laine, tandis que les besoins s'élevaient, en 1913, en chiffres ronds, à 400 millions de marks. Sur les importations de laine, 55 % provenaient d'Angleterre ou des possessions britanniques [3].

1. Emile Zimmermann, dans un article très intéressant, paru le 24 octobre 1917 dans la revue : *Das grössere Deutschland. (La plus grande Allemagne).*
2. Voir l'annexe.
3. La production en laine des alliés et des nations ayant rompu avec l'Allemagne est de 761.000 tonnes. Celle de l'Allemagne et de ses alliés : 98.000 tonnes. Les deux pays grands producteurs sont : l'Argen-

Le coton.

Pour le coton, l'Allemagne se trouve bien davantage encore dans la dépendance des pays anglo-saxons. Les États-Unis et la Grande-Bretagne en possèdent en fait le monopole. Sur la récolte mondiale de 1913-1914, 21 millions et demi de balles étaient d'origine anglo-saxonne ; le Brésil, la Chine, l'Asie-Mineure en fournissent à eux tous moins de 8 millions. La production de coton des colonies allemandes, malgré tous les efforts dépensés à cet égard, restait très faible ; elle n'atteignait même pas 3.000 tonnes, alors que la demande totale de l'Allemagne s'élevait à 470.000, sur lesquelles 97 % étaient fournis par les Etats-Unis et les possessions anglaises.

Les Allemands avouent que « même s'ils obtenaient la totalité de l'Afrique centrale, la tentative d'y faire prospérer une production en grand du coton doit être regardée comme un gaspillage inutile de temps et d'énergie ». Ils pourront en favoriser la production chez certains neutres, mais resteront forcément tributaires des Anglo-Saxons. Avant la guerre ils leur en achetaient pour un demi-milliard de marks ; c'était le plus gros article de leur importation.

La soie.

Il y a une autre matière employée dans l'industrie textile ; c'est la soie. Les pays qui en produisent le plus : la Chine, le Japon, l'Italie, sont ennemis de l'Allemagne, si bien que les Alliés peuvent opposer 230.000 tonnes de cocons aux 16.000 tonnes que produisent la Turquie et la Bulgarie.

En 1912, l'Allemagne en a acheté pour 143.326.000 fr.,

tine (180.000 tonnes) et la Russie et la Roumanie (182.000). Les Allemands espèrent que l'Argentine, l'Uruguay et le Chili qui, en 1913, leur en ont vendu pour 120 millions de marks, pourraient forcer jusqu'à 200 millions le chiffre de leurs ventes à l'Allemagne, leurs ventes totale étant de 250 millions.

plus des trois quarts à l'Italie, moins de la centième partie à la Turquie. Impossible de se passer de l'étranger pour cette matière. Les Allemands ont envisagé l'introduction chez eux de l'élevage du ver à soie. Dans une conférence dont les *Mitteilungen der deutschen Landwirthschafts gesellschaft* du 7 juillet 1917 publient le texte, le professeur Schultze, de Crefeld, a combattu ce projet en faisant valoir que l'élevage des vers à soie est très absorbant et très peu rémunérateur ; qu'une main-d'œuvre très exercée est nécessaire pour le dévidage des cocons ; qu'on n'arriverait pas en Allemagne à produire de la soie de qualité uniforme, et que les frais seraient plus élevés que dans les pays, Italie, France, Hongrie, Chine, Japon avec lesquels l'Allemagne devrait entrer en concurrence. La Chambre de commerce de Crefeld et les présidents des grands syndicats de l'industrie de la soie se sont prononcés dans le même sens.

Supposons l'Allemagne privée de coton et de soie. C'est l'arrêt de toute une industrie dans la région de Crefeld, Eberfeld, Gladbach. Rien que pour les velours et peluches, le nombre des métiers est de 5.057, le chiffre de vente, de 29.965.760 marks ; pour les étoffes, 63.041.006 ; le total, 93.006.766.

Dans la seule région d'Eberfeld, le nombre des ouvriers employés dans l'industrie textile dépasse 7.000, recevant comme salaire près de 10 millions de francs.

Inutile d'insister sur ces conséquences.

Le jute.

Le jute, dont les Allemands font une grande consommation, est produit uniquement par l'Inde.

Les métaux.

Passons maintenant aux métaux. L'Allemagne, très riche en houille, est relativement pauvre en fer ; c'est-à-dire que les quantités de minerais dont elle dispose sont devenues tout à fait insuffisantes en présence du développement de sa métallurgie. Elle dépend, pour la moitié de sa production, des minerais étrangers. C'est pourquoi la possession des bassins de Briey et de Longwy jouera un si grand rôle dans les conditions de la paix. A deux reprises, les six grandes associations économiques de l'empire allemand, les associations d'industriels et de métallurgistes, ont adressé au maréchal Hindenburg, aux chanceliers Bethmann-Hollweg et Hertling des mémoires exposant que ces gisements métallurgiques sont indispensables à l'Allemagne.

Même dépendance de l'étranger en ce qui concerne le cuivre. En 1912, la production de l'Allemagne a atteint 45.500 tonnes. Elle en a importé, des Etats-Unis seulement, 177.600 tonnes, soit près du tiers de la production totale de ce pays qui, cette année-là, atteignait 566.500 tonnes ; des possessions anglaises, 143.400 tonnes ; soit 321.000 tonnes des pays anglo-saxons. Les autres pays intervenus pour son ravitaillement étaient l'Espagne, avec 58.000 tonnes ; le Chili, avec 37.000 ; le Pérou, avec 27.300.

Voici les chiffres pour les minerais d'étain, de plomb et de nickel :

	Ennemis	Neutres	Alliés et nations ayant rompu avec l'Allemagne
	Tonnes	*Tonnes*	*Tonnes*
Minerai d'étain . .	1.000	25.000	126.000
Minerai de plomb .	170.000	192.000	1.015.000
Minerai de nickel .	14.000	7.000	389.000

Les matières grasses.

On sait à quel point les Allemands souffrent déjà de la pénurie de matières grasses. En effet, elles leur venaient pour la presque totalité des pays qui sont en guerre avec eux.

En ce qui concerne la graisse de porc, par exemple, les Etats-Unis se sont créé un monopole spécial dans la fabrication de ce produit ; en 1913, les Allemands leur en ont acheté pour 112 millions de marks. L'Allemagne et l'Autriche-Hongrie réunies n'élèvent que 35 millions de porcs, contre 61 millions aux Etats-Unis. La Russie, 12 millions et demi.

Pour les graines et fruits oléagineux, les besoins annuels de l'Allemagne avant la guerre s'élevaient en chiffres ronds à une valeur de 600 millions de marks. L'Afrique Orientale Anglaise et surtout le Nigeria satisfaisaient environ à 16 % de ses besoins. Le reste provenait d'Argentine, de Russie, des Indes hollandaises, d'Autriche-Hongrie et de Roumanie. Les Allemands comptent qu'ils obtiendront de ces pays une augmentation de fournitures en leur accordant des faveurs, qu'ils reconnaîtront en concédant en retour à l'industrie huilière allemande des tarifs préférentiels pour les huiles de table et d'industrie et les graisses alimentaires végétales.

Caoutchouc.

Les colonies allemandes et les neutres (Bolivie, Equateur, Mexique, Pérou, Venezuela) fournissaient ensemble à l'Allemagne 1.200 tonnes de caoutchouc, pour des besoins atteignant 20.000 tonnes, et qui étaient satisfaits par les Alliés, y compris le Brésil. Leur production est en effet de 129.600 tonnes, contre 13.000 produits par les neutres.

b) Produits alimentaires

Pour les produits alimentaires, la situation n'est pas moins nette. On objectera peut-être que l'Allemagne se suffit depuis plus de trois ans avec ses propres ressources. C'est vrai. Mais c'est au prix de privations et de souffrances telles qu'elles ne pourraient pas être prolongées sans porter une atteinte grave à la santé de la race, dont l'avenir serait compromis d'une manière irrémédiable. Toutes les publications allemandes s'accordent à nous montrer par des chiffres précis, d'abord l'accroissement de la tuberculose et de certaines maladies épidémiques produites par l'amoindrissement de la résistance physiologique ; ensuite, la diminution du rendement moyen des travailleurs, qui, par suite de leur affaiblissement, atteint jusqu'à 30 %.

Un examen rapide des conditions générales de la production agricole en Allemagne nous fera voir qu'elle ne peut guère être augmentée, malgré la perfection scientifique des méthodes mises en œuvre. Nous prendrons comme guides une étude très complète présentée à la Chambre d'Agriculture de Westphalie par M. de Rumker-Breslau [1], agrarien protectionniste ; et les chiffres donnés par l'Office Impérial de statistique.

PRODUCTION AGRICOLE

Seigle.

D'une manière générale, la production agricole allemande est en progrès régulier. La culture du seigle est toujours prédominante et le restera sans doute. Alors que chez nous l'importance de son rôle économique a décru constamment et qu'il est tombé au rang d'une céréale à pain complémentaire, en Allemagne la nature du climat comme celle du sol concourent à le maintenir au premier rang ; il s'y consomme plus de pain de seigle et de méteil que de pain de froment.

La production est près de trois fois supérieure à celle du blé. Elle est passée de 97 millions de quintaux en 1907 à 116 millions en 1912. Le rendement moyen de l'hectare atteint 18 quintaux, très supérieur à celui obtenu dans les autres pays (6 en Russie, 9 aux États-Unis, 11 au Canada et en Hongrie, 13 en Autriche, 14 en France).

La superficie cultivée en seigle dépasse 6 millions d'hectares. Elle progresse régulièrement par suite du

1. *Die Ernæhrung unseres Volkes ans eigener Produktion*, par K. on Rumker-Breslau. Berlin, 1912.

gain réalisé sur les terres marécageuses, les landes, les bruyères. Les agriculteurs et les économistes allemands estiment que les récoltes en seigle pourraient être encore accrues, tant par l'augmentation des terres ensemencées, prises sur les terrains incultes, que par celle du rendement à l'hectare.

Blé.

Pour le froment, la situation est toute autre. La surface ensemencée, 1.974.197 hectares en 1912, en diminution de 49.000 sur 1911, n'a pour ainsi dire pas changé depuis trente ans. Cet état stationnaire prouve que les conditions de sol et de climat que cette culture rencontre en Allemagne s'opposent à son extension. Les surfaces cultivées en froment ne peuvent guère dépasser le tiers de celles cultivées en seigle.

Le rendement s'est accru et a atteint 20 quintaux à l'hectare. Il n'est encore que la moitié de ce qu'il pourrait être dans de bonnes terres et avec de bonnes méthodes [1].

La production est passée de 35 millions de quintaux en 1907 à près de 44 millions en 1913.

L'importation augmente régulièrement. Pour arriver à combler le déficit par la production nationale, il faudrait augmenter le rendement de 10,3 quintaux par hectare, et arriver à 30 quintaux.

D'autre part il faut tenir compte d'un fait qui tend à rendre le déficit plus sensible encore : en même temps que la population s'accroît, elle se détourne de la consommation du pain de seigle et prend l'habitude du pain de froment. Il est donc à prévoir que l'Allemagne ne pourra jamais produire la quantité de blé qui lui est nécessaire.

---

1. Nous laissons cette affirmation pour compte à M. de Rumker-Breslau : le rendement moyen de 20 quintaux à l'hectare n'est atteint dans aucun pays. Il est de 4,7 en Russie, 6 en Argentine, 8,4 aux États-Unis, 13,2 en Autriche, 13,8 en France, 14 au Canada et en Hongrie. Ces chiffres sont ceux donnés par la publication de la Dresdner Bank, *Les forces économiques de l'Allemagne*.

Orge.

Les surfaces cultivées en orge diminuent régulièrement. De 1.859.265 hectares en 1901, elles sont tombées à 1.570.435 en 1910. Il n'y a pas à espérer qu'elles s'étendront par la mise en culture des terrains marécageux ; c'est encore moins probable pour l'orge que pour le froment, car les sols tourbeux, riches en azote, se prêtent mal à la culture de l'orge peu azotée que l'on emploie dans la brasserie ; ils conviennent surtout pour l'orge destinée à la distillerie ou à l'alimentation du bétail. Mais il est douteux que l'on puisse gagner pour la culture de l'orge de brasserie de nouveaux espaces de terrains minéralisés, et son extension restera toujours limitée par la nature du climat et du sous-sol ; elle restera inférieure à celle du froment et se tiendra entre le tiers et le quart de celle du seigle.

Le rendement à l'hectare atteint 20 quintaux. Le déficit de la production, qui était dans la période de 1898 à 1907 d'environ 10 quintaux à l'hectare pour la surface cultivée, a atteint en 1909 13,8 et en 1910 16,66. Ce déficit est proportionné aux importations d'orge pour l'alimentation du bétail. Pour y suppléer il faudrait augmenter le rendement de 14 quintaux par hectare et obtenir 34 quintaux en moyenne.

Mais si dans les bonnes années et sur les sols les meilleurs le rendement peut atteindre 40 par la culture intensive, on ne peut pas espérer qu'une pareille moyenne devienne la règle.

Avoine.

En ce qui concerne l'avoine, la situation est beaucoup meilleure. La surface cultivée en avoine est seulement d'un tiers plus faible que celle cultivée en seigle ; elle est presque le triple de celle cultivée en orge ; et plus d'une fois aussi grande que celle cultivée en froment. Le rendement moyen atteint 18 quintaux à l'hectare. Il peut doubler dans les terres de première qualité.

La production totale de l'Allemagne suffit aux besoins de la consommation ; elle donne même depuis deux ans un faible excédent pour l'exportation. Cet état de choses ne fera que s'améliorer avec la progression du rendement.

Pomme de terre.

Pour les surfaces occupées, la culture de la pomme de terre vient au troisième rang après celle du seigle et de l'avoine, elle est le double de celle de l'orge et presque le double de celle du blé, et reste capable de prendre encore une grande extension par la mise en valeur des marais et des bruyères. Le rendement moyen est de 140 quintaux, mais peut atteindre jusqu'à 340.

L'Allemagne est en mesure de suffire à sa propre consommation. En 1912, elle a produit 502 millions de quintaux contre 343 en 1911. Il est vrai que l'année a été tout à fait exceptionnelle.

En 1917, cette culture a reçu une extension particulière ; la récolte, moyenne comme quantité, a été réquisitionnée tout entière par le gouvernement. Une fois les prélèvements faits pour la féculerie, les plantations de l'année prochaine, et le bétail, la ration accordée à la population s'est trouvée de 7 livres par semaine et par tête. Mais elle n'est déjà plus distribuée en totalité et le déficit ne fera que s'aggraver par suite du défaut de conservation des stocks.

Disponibilités et déficit.

Rapprochons maintenant les disponibilités en céréales à pain et les chiffres variables de la population ; nous verrons que leur développement est parallèle. En 1904, pour 59 millions 1/2 d'habitants, nous avons en seigle et blé 138 millions 1/2 de quintaux ; en 1908, pour 63 millions, 151 millions de quintaux ; en 1912, pour 66 millions, 159 millions 1/2 de quintaux.

Dans la dernière période quinquennale, la population a progressé de 5,47 % environ, la production de 15,7 % pour le blé, de 8 % pour le seigle. La situation s'améliore donc. En tenant compte des quantités nécessaires aux ensemencements et de celles qui sont destinées à l'alimentation du bétail, chaque citoyen allemand disposait en 1912 de 240 kilos 600 de céréales à pain, seigle et blé.

Les statistiques douanières vont nous fournir des éléments précis d'appréciation pour reconnaître dans quelle mesure cette production est encore insuffisante.

En chiffres arrondis, nous trouvons en 1911 un excédent d'importation de blé de 22 millions de quintaux ; en 1912 de 20 millions. Pour le seigle, un excédent d'exportation de 1 million 1/2 en 1911 et 3 millions 1/2 en 1912.

L'importation en blé représente donc la moitié de la production, et correspond à la consommation de quatre mois. Sur l'ensemble du blé et du seigle, l'importation représente de 12 à 14 % de la production ; elle correspond à la consommation de un mois et demi environ.

Ces résultats, qui sont d'une importance capitale, ont été l'objet d'une discussion très serrée dans un article de M. Georg Frœhlich, publié dans l'*Annuaire Schmoller*[1].

La question avait été étudiée en 1899 et 1908 dans les *Preussische Jahrbücher* par Delbruck et W. Bethendt. En 1909 Voelcker dans son livre : *La population allemande en cas de guerre*, était arrivé à conclure que l'Allemagne devait être capable de nourrir son peuple sans importer de blé. D'après lui, cette importation ne serait nécessaire que le douzième mois.

Mais Voelcker s'est trompé, parce qu'il a fondé ses

---

1. Georg Frœhlich. *Deutsche Volksernæhung im Kriege, Jahrbuch fur Gesetzgebung, Verwaltung und Volkswirtschaft im Deutschen Reich*, 2 tes Heft 1912, Munich et Leipzig, von Duncker et Humblot ; voir également l'étude du professeur Gisevius de l'Université de Giessen, parue dans le *Vierteljahrhefte fur Truppenführung und Heereskunde*, 1912.3.

calculs sur les résultats d'une récolte exceptionnelle, celle de 1908.

D'un tableau donnant depuis 1901 la production de l'Empire en céréales à pain, l'importation, la consommation annuelle et les besoins mensuels, il résulte que, défalcation faite du grain nécessaire-aux ensemencements, la production totale de l'Empire pourvoit aux besoins de la consommation pour dix mois ou dix mois et demi en moyenne. En 1901, elle a fourni à la consommation de neuf mois seulement [1].

Un autre économiste allemand, Behrendt, arrive à un résultat analogue pour la période de 1899 à 1906. Il évalue l'importation à 14 % de la consommation ; elle atteint quelquefois 20 %, c'est-à-dire que l'Allemagne dépend de l'étranger pendant deux ou trois mois pour son pain [2].

Il est inutile d'insister sur les inconvénients de ce déficit ; les céréales sont indispensables à l'alimentation, en raison de l'albumine qu'elles contiennent, et qui est nécessaire pour compléter celui d'origine animale [3]. Les pommes de terre dont on a parlé quelquefois pour les remplacer sont tout à fait incapables de remplir ce rôle.

Autres produits alimentaires.

L'Allemagne n'est pas tributaire de l'étranger seulement pour les céréales. Elle importe aussi d'autres produits alimentaires, dont la valeur totale est de 1 mil-

---

1. Nous ne reproduisons pas ici ce tableau. Voici le chiffre, en milliers de quintaux, pour les années extrêmes 1901 et 1911.

	1901	1911
Production.	97.710	136.000
Importation	27.430	17.210
Consommation . . .	125.140	153.210
Mensuels	10.430	12.770

2. Il est bien entendu que ces estimations ne s'appliquent qu'au temps de paix. Depuis la guerre le rendement est diminué par suite du manque d'engrais et de fertilisants phosphatés.

3. M. Frœhlich se lance à ce propos dans une discussion approfondie sur les valeurs respectives des éléments divers entrant dans les produits alimentaires.

liard 1/2 de marks. Tels sont les harengs : 1.205.000 barils ; les œufs : 1.647.000 quintaux ; le lait, la crème, le beurre : 1.405.299 quintaux ; le fromage : 205.000 quintaux ; les légumes : 1.760.000 quintaux ; les oies vivantes : 8.632.000 quintaux ; la volaille morte : 42.000 quintaux.

Bétail.

Même situation pour le bétail. Le cheptel allemand augmente régulièrement depuis quarante ans, excepté les moutons. Le gros bétail est passé de 15.777.000 têtes en 1873 à 20.631.000 en 1907 ; les porcs, de 7.124.000 à 22.147.000. Néanmoins l'importation croît toujours. Elle a été en 1910 de 74.000 veaux, 132.000 bœufs et vaches, 133.000 porcs. En raison de l'épuisement du cheptel, cette importation devra être beaucoup plus forte encore après la guerre.

L'Allemagne peut-elle songer à diminuer cette importation de bétail et de produits tels que lait, beurre, œufs, en augmentant sa production intérieure ? Non, car le développement de l'élevage se trouve limité par le manque de fourrages, dont on a seulement pour la consommation de sept mois ; les importations représentent 40 %. des besoins [1].

C'est l'impossibilité de nourir le bétail qui a nécessité les abats exagérés qui ont tant appauvri le cheptel. En dosant les importations de fourrages et de tourteaux on peut en empêcher la reconstitution.

Mouvement de la population.

L'Allemagne dépend donc étroitement de l'étranger pour son ravitaillement. Il est probable que cette dépendance ne fera que croître avec le temps. Non seulement la population augmente, mais chaque recensement fait ressortir la disproportion qui s'établit entre la classe

---

1. En milliers de quintaux : 15.550 de son et orge malté ; 74.30 de maïs ; 5.180 de tourteaux ; 3.220 de légumes secs ; 1.530 de riz ; 12.600 de grains oléagineux ; 540 de sarrasin, mil, etc.

agricole d'une part, la classe adonnée au commerce et à l'industrie d'autre part. La première comptait en 1882, 19,2 millions d'unités, soit de 43 °/, du nombre total des habitants ; en 1907, 17,7 millions seulement et 29 °/, du total. Son effectif numérique a donc baissé de plus de 1 million, pendant que celui de l'Allemagne s'accroissait constamment, et son importance relative a diminué de près d'un quart. C'est la population industrielle et commerciale qui bénéficiait de ses pertes ; pendant la même période, elle s'élevait de 20,6 à 34,7 millions de personnes et, en 1907, elle représentait 56,3 °/, au lieu de 45 °/, de la population totale[1].

Une autre statistique toute récente, mais plus sommaire, permet d'évaluer en gros la proportion actuelle de ces deux éléments sociaux. Sur 397 circonscriptions au Reichstag, 116 seulement sont agrariennes; 206 industrielles et 75 mixtes ; ce qui revient à dire, en résumé, qu'actuellement il y a en Allemagne deux fois moins de cultivateurs que d'ouvriers ou d'employés.

Rendement de l'agriculture allemande.

Nous avons vu que, jusqu'à la guerre, les progrès réalisés par l'agriculture avaient permis à la production d'augmenter plus rapidement encore que la population. Mais elle se verra forcément distancée, car le rendement trouvera bientôt sa limite. N'oublions pas que l'agriculture allemande a déjà atteint un degré élevé de perfection et se trouve en avance sur celle de tous les autres pays.

Voici, d'après l'intéressante publication *Les Forces économiques de l'Allemagne*, présentée à l'occasion de son 40ᵉ anniversaire par la Dresdner Bank de Berlin, le rendement comparatif à l'hectare obtenu dans les grands pays producteurs de céréales.

---

1. Le développement industriel de l'Allemagne (*Gazette industrielle et commerciale* du 13 janvier 1910).

Rendement par hectare [1] :

1911	Froment	Seigle	Orge	Avoine	Pommes de terre
Allemagne . .	2.060	1.770	1.090	1.780	10.350
France . . .	1.380	1.430	1.430	1.260	7.420
Autriche . .	1.320	1.310	1.480	1.210	9.230
Hongrie. . .	1.400	1.160	1.420	1.180	7.230
Russie . . .	470	660	770	670	7.000
Etats-Unis . .	840	980	1.130	880	5.440
Canada . . .	1.400	1.170	1.520	1.470	9.670
Argentine . .	610	»	»	920	»

Un autre tableau montre que, depuis trente ans, ce rendement s'est accru dans une proportion variant de 52 °/₀ pour l'orge à 80 °/₀ pour l'avoine.

Ces résultats n'ont rien d'étonnant si l'on considère que l'Allemagne consomme à elle seule plus de sel de potasse comme engrais que tous les autres pays du monde réunis : 1.204 kilogrammes par kilomètre carré en 1911, contre 202 en Angleterre, 141 aux Etats-Unis, 80 en France [2].

Qu'il s'agisse de faire vivre son industrie, ou de nourrir sa population, l'Allemagne ne peut donc pas se passer des pays avec lesquels elle est en guerre aujourd'hui.

1. Voir la note de la page 16.
2. On sait que la potasse est un des éléments nécessaires à la nutrition des plantes ; les céréales, les betteraves, les pommes de terre entre autres en exigent d'importantes quantités. La presque totalité de la consommation mondiale, exactement les 9/10°, provient des gisements du Stassfurt et du Harz. Après la guerre la réannexion de l'Alsace nous mettra en possession des gisements de la forêt de Nonnenbrück ; leur produit est d'une pureté telle qu'il peut être utilisé dans l'agriculture après un simple broyage sans aucun traitement.
L'Allemagne utilise aussi annuellement en temps normal environ 200.000 tonnes d'azote, provenant en parties à peu près égales du nitrate du Chili et du sulfate d'ammoniaque.

IV

Les exportations de l'Allemagne

Elle a un aussi grand besoin des marchés étrangers pour écouler ses produits manufacturés ou certaines de ses productions naturelles dont elle détient un vrai monopole, tels que les sels de potasse, que nous venons de mentionner. (Voir la note de la page 23.)

Le total de l'exportation allemande atteignait, en 1913, 12 milliards et demi de francs, sur lesquels plus de la moitié allaient chez ses ennemis.

Citons quelques chiffres :

1° Pays d'Europe

	Millions de francs
Belgique	678
France	970
Angleterre	1.769
Italie	483
Roumanie	172
Russie	1.082
Serbie	23

2° Pays d'Amérique

	Millions de francs
République Argentine	327
Brésil	246
Canada	75
Venezuela	11
Etats-Unis	877

3° Pays d'Asie

	Millions de francs
Chine.	
Hong-Kong	160
Kiao-Tchéou	
Japon	151
Siam	11

4° Pays d'Afrique

	Millions de francs
Egypte	53
Abyssinie, Afrique Orientale	
Anglaise, Madagascar, est.	
Africain portugais	17
Afrique sud-anglais.	58
Maroc	16
Total :	7.079

En outre, une grande partie de ce que la statistique qualifiait d'exportation en Hollande (694 millions de marks), en Belgique (551 millions), en Suisse (536 millions) n'était en réalité qu'un simple transit, à destination de l'un ou l'autre des pays avec lesquels l'Allemagne est aujourd'hui en guerre.

On voit donc les graves conséquences qu'entraîneraient pour elle toutes les mesures tendant à l'empêcher de vendre ces marchandises qui représentent une valeur de près de 8 milliards. Admettons même que ses fabriques arrivent à produire des objets manufacturés en se procurant d'une manière ou de l'autre les matières premières ; l'impossibilité où elles seraient de les écouler au dehors amènerait leur ruine.

D'autre part, l'Allemagne aura un besoin d'autant plus grand d'accroître ses exportations qu'il lui faudra plus d'argent pour payer ses importations de première nécessité qui seront très abondantes, sans quoi elle verrait baisser encore le taux du change sur l'étranger, déjà si fortement déprécié.

Par suite de la situation où les a jetés la guerre suscitée par eux, les Empires centraux sont isolés du monde entier, ils ne peuvent plus ni vendre ni acheter ; plus de commerce extérieur, en dehors de quelques échanges, limités en nature et en quantité, qui s'effectuent par l'intermédiaire des neutres limitrophes. Leurs magasins sont vides, toutes leurs matières premières ayant été consommées et ne pouvant pas se renouveler. Il en résulte donc pour eux la nécessité impérieuse de recourir au marché mondial, d'acheter et de vendre.

V

Comment l'Allemagne prépare la lutte économique après la guerre

Les Allemands ne se font aucune illusion sur le sort qui les attend. « Nos adversaires, écrit le comte Reventlov dans la *Deutsche Tageszeitung* du 23 mai 1917, contraignent maintenant, autant qu'ils le peuvent, les neutres d'outre-mer à rompre avec l'Allemagne. Leur but est de nous affamer après la guerre et même déjà pendant les négociations de la paix en empêchant que l'Empire ne reprenne la puissance de son activité économique, ne se procure le nécessaire en temps utile. Ce système pour isoler économiquement l'Allemagne après la guerre se manifeste non seulement dans les résolutions de la Conférence de Paris [1], mais, avant tout, dans le détachement des pays neutres d'outre-mer pour les lier à nos adversaires. Il s'agit d'un plan de grande envergure pour affaiblir l'Empire d'Allemagne et ne pas lui permettre de reprendre des forces. »

L'Allemagne entend bien ne pas se laisser prendre au dépourvu. Elle a accompli un immense effort pour échapper au désastre économique pendant la guerre, dont un sûr instinct lui a fait sentir la menace persistant dans l'avenir, avant même qu'elle ait été formulée nettement par le président Wilson.

Dans l'ordre industriel, cet effort s'est traduit par

1. Voir le chapitre VIII, page 52.

des découvertes entièrement nouvelles et le perfectionnement de certains procédés. C'est ce qui·était arrivé en France au commencement du XIX' siècle, quand nos savants et nos industriels avaient dû s'ingénier pour fabriquer les produits dont nous étions privés par le blocus anglais. Nous laisserons de côté cette partie de la question, qui sort du cadre de la présente étude [1].

1° L'action de l'État

Disons un mot de l'organisation générale en vue de la reprise de la vie économique après la guerre. La part de l'État y est très importante. Dans aucun pays du monde, l'État ne représente une force aussi réelle et aussi efficace qu'en Allemagne. A dire vrai, l'Allemagne moderne a été construite d'après la conception théorique de l'État, telle que l'ont élaborée ses penseurs, philosophes et économistes : Kant, Fichte, Treitschke entre autres.

Cet État exerce une dictature économique en vue de porter à leur maximum les forces productives du pays, d'augmenter d'autre part son expansion commerciale à l'extérieur. Il dispose à cet effet d'organismes perfec-

---

1. Citons seulement l'extraction industrielle de l'azote atmosphérique, qui affranchit l'Allemagne de l'importation des nitrates, sa production d'ammoniaque dépassant de beaucoup ses besoins du temps de paix. De même les importations de pyrites pourront être diminuées, parce qu'on utilise pour la fabrication de l'acide sulfurique des matières premières indigènes. Les filés de papier remplacent dans une large mesure ceux de jute, dont l'importation avant la guerre atteignait 100 millions. Il y a eu des expositions de l'industrie du papier à Breslau, puis à Cologne ; on y a vu du fil de papier assez fin pour donner 20.000 mètres au kilog.

Les Allemands ont tiré aussi bon parti de l'ortie comme textile. Une société de l'Ortie à gros capital a été fondée dans le duché de Bade pour l'exploitation industrielle des orties et l'augmentation de leur culture.

Dans un autre ordre d'idées, ils ont obtenu de bonnes huiles de graissage en épaississant par des procédés spéciaux les huiles légères produites par la distillation du goudron.

tionnés, dont la tâche est facilitée par l'esprit de discipline du peuple.

Nous ne parlerons pas des nombreuses institutions qui furent créées depuis la guerre pour répondre aux besoins nés des circonstances. Citons seulement, en raison de son importance particulière et du rôle qu'il doit jouer dans la reprise de la vie économique, le *Département* ou *Office économique impérial*, qui réunit sous la même direction toutes les questions de politique économique et sociale, qui dépendaient précédemment de deux directions distinctes. L'avantage de cette organisation est que la politique sociale pourra être conduite d'après la situation économique, dont elle dépend étroitement, et à qui elle doit être subordonnée. Que les sociaux-démocrates se le tiennent pour dit : l'État allemand ne laissera pas la politique sociale compromettre, fût-ce pendant un seul jour, la force de concurrence de l'Allemagne contre ses rivaux.

Le poste de sous-secrétaire d'État à l'Office économique d'Empire fut confié d'abord au Dr Schwander, que remplaça le baron von Stein. La nomination de ce dernier donna lieu dans les journaux socialistes à des manifestations intéressantes. Ils profitèrent de l'occasion pour affirmer leur idée que le seul moyen de reconstituer économiquement l'Allemagne était d'organiser *systématiquement* toute sa vie économique, c'est-à-dire d'appliquer les principes socialistes. « Or, les milieux où dominent les influences du grand capital craignent comme le feu l'application de ces principes ; ils cherchent donc à convaincre le public que l'Allemagne doit rester fidèle au système dont la guerre a fait éclater l'insuffisance. Le libre jeu des forces économiques a fait son temps. Il faut que le nouveau chef de l'Office économique ouvre les yeux et choisisse. Il s'agit pour lui de se prononcer, soit pour les intérêts du peuple allemand, soit pour ceux du grand capital. »

Mais ces idées se heurtent à une forte opposition. On voit bien les avantages que présente une bonne organisation controlée et dirigée par l'État ; on admet que « le Commissariat impérial pour la période de transition » rendra de grands services. On observe toutefois qu'une société d'État investie d'un monopole ne peut jamais faire la même chose que le commerce libre ; il est dangereux de laisser un pareil organisme dominer toutes les branches de la vie commerciale. La Commission du budget du Reichstag s'est prononcée en faveur d'un retour aussi rapide que possible à la liberté du commerce. La presse quotidienne et les périodiques sont remplis de discussions sur ce sujet.

Le gouvernement laisse discuter et continue à étendre chaque jour ses attributions et à restreindre la part d'initiative laissée aux commerçants et aux industriels. Il a concédé à une grande société le monopole complet des importations et des exportations. Il a décidé la formation d'associations obligatoires entre tous les industriels d'une même branche par région, et décrété la fermeture des usines travaillant dans les conditions les moins favorables. C'est l'absorption forcée des usines, petites ou moyennes, par les grandes, et la concentration industrielle la plus formidable qu'on ait jamais vue.

Ces grandes associations ont tout intérêt à supprimer les intermédiaires pour l'acquisition des matières premières qu'elles peuvent recevoir directement de l'État. Ce serait la ruine du commerce de gros. Aussi la Chambre de commerce de Hambourg a-t-elle tenu, au mois de juillet dernier, une réunion pour protester contre la situation faite au commerce d'importation, que l'État veut reléguer à une situation inférieure dans l'organisation économique pendant la période de transition.

Protestations vaines : l'industrie a trop à gagner à se fournir directement pour revenir aux anciennes méthodes ; elle y trouve l'avantage de diminuer ses prix de revient, ce qui lui permettra de reprendre plus facilement son ancienne clientèle étrangère et de s'en faire une nouvelle.

Il semble bien que le gouvernement allemand, dans son désir de favoriser à tout prix l'expansion mondiale de l'Allemagne après la guerre, soit décidé à soutenir les industriels contre les commerçants.

2° Le régime douanier. Socialistes et Agrariens.

Cette question n'est pas la seule qui donne lieu à d'âpres contestations. Les difficultés qui menacent l'Allemagne pour la reprise de sa vie économique exaspèrent les passions anciennes et donnent aux vieilles luttes un renouveau de vigueur. Il en est ainsi pour celles touchant le régime douanier.

Dans leur orgueil d'avoir su résister au blocus et réussi à adapter leur industrie aux nécessités résultant de l'isolement économique, beaucoup d'Allemands se sont flattés de l'espoir que leur pays pourrait, après la guerre, se passer du reste du monde.

Mais les socialistes minoritaires protestent contre le projet, d'ailleurs irréalisable, de faire vivre l'Allemagne exclusivement sur ses propres ressources. Ils disent ironiquement qu'en raison de l'impossibilité d'y faire pousser du coton, il faudrait se résigner à n'y plus porter que de la laine et du lin [1] ! Il faudrait aussi renoncer au tabac, au café, aux fruits du midi dont l'ouvrier allemand fait une grande consommation.

Ils ne sont pas les seuls de cet avis. Tandis qu'une grande Chambre de commerce, celle de Hambourg, appelle de tous ses vœux la liberté du commerce après la guerre, des socialistes impérialistes, tels que Cunow, protestent contre les vœux protectionnistes, non seulement au nom des classes pauvres, pour lesquelles ce serait un nouveau renchérissement de tous les objets de première nécessité, mais dans l'intérêt même de la haute finance, de la grande industrie et des armateurs. Que deviendront les projets de pénétration économique dans certaines régions, si l'Allemagne conserve une muraille de tarifs, même en l'abaissant

---

1. Nous avons vu plus haut que le troupeau allemand ne fournissait de la laine que dans une mesure tout à fait insuffisante.

sur des points particuliers ? Comment reconquérir les marchés perdus, si la flotte commerciale allemande, déjà très affaiblie, ne trouve pas du fret de retour en échange des marchandises à exporter ? Il faut au contraire que le marché allemand soit largement ouvert aux produits de l'Amérique et de l'Orient ; c'est une condition indispensable pour sa prospérité.

Mais les Agrariens ne l'entendent pas ainsi. Ils veulent le rétablissement des droits de douanes qui protègeront la production nationale contre la concurrence étrangère, et dont les recettes seront consacrées à favoriser l'expansion des produits industriels, grâce à ces méthodes de dumping [1] dont l'Allemagne a déjà tiré un parti si avantageux pour la conquête des marchés étrangers. Ils songent surtout à favoriser leurs intérêts propres en protégeant l'agriculture allemande contre la Russie et les Etats-Unis, et couvrent leurs visées particularistes de déclarations sonores : l'amélioration de l'avenir se trouvera selon eux dans l'augmentation du rendement du sol, dans l'art de remplacer définitivement, par des produits nationaux, naturels ou artificiels, les matières premières pour lesquelles l'Allemagne est tributaire de l'étranger. « Ce qui peut être produit dans le pays ne doit pas être tiré de l'étranger, même à meilleur marché. »

Le principe est très discutable du point de vue économique. En tout cas, les Allemands ne font illusion qu'à eux-mêmes avec la plupart de leurs « produits de substitution (Ersatz). » S'ils sont arrivés à tirer parti pour l'alimentation de quelques matières jusque-là injuste-

---

1. Ces méthodes consistent essentiellement à supprimer la concurrence en vendant des articles fabriqués à un prix inférieur à leur prix de revient. Elles représentent de véritables mesures de guerre employées dès le temps de paix, contre lesquels les Etats visés ont le droit de se défendre.

A propos du *dumping*, il importe de distinguer entre certains procédés de concurrence déloyale, et d'autres qu'un Etat est toujours autorisé à employer pour développer son commerce avec le dehors, tels que primes à l'exportation, combinaisons de tarifs, etc. Mais cette distinction ne laisse pas que d'être assez délicate, car la gradation par laquelle on passe de l'un à l'autre est souvent insensible.

ment dédaignées[1], beaucoup de produits n'ont que l'apparence de ceux qu'ils prétendent remplacer et ne possèdent à aucun degré leurs propriétés nutritives. Si flatteurs qu'ils puissent être pour le goût du consommateur, ils sont incapables de tenir dans l'alimentation une place utile[2].

3° Les associations patronales

L'État est constamment stimulé par les nombreuses associations existant en Allemagne, qui ont pour objet de grouper les industriels et les commerçants appartenant à une même branche ou à des catégories différentes et de mettre leurs efforts en commun : Association centrale d'Industriels allemands (Zentralverband der deutschen Industriellen) ; Union de l'Industrie allemande (Bund der deutschen Industrie) ; Union centrale du commerce allemand de gros (Zentralverband der deutschen Grosshandels) ; Union des Industriels allemands du fer et de l'acier, etc., etc. Elles ne cessent d'intervenir pour exposer leurs vues, et donner au gouvernement des indications sur les mesures à prendre, à l'effet de favoriser la reprise des affaires, la prospérité industrielle et commerciale de l'Empire. Tantôt il s'agit des territoires à annexer pour donner à l'Allemagne les minerais nécessaires au fonctionnement de ses usines métallurgiques ; tantôt de grands projets d'organisation économique, comme celui qui a été

1. Entre autres le chou-rave, grâce auquel ils ont réussi en 1916 à conjurer la disette, conséquence du déficit des pommes de terre dont la récolte n'avait été que de 21 millions de tonnes. [Voir la note, page 28.]

2. Ainsi, les innombrables cubes de potage (suppenwürfels) sont composés presque uniquement de sel coloré. Beaucoup d'huiles dites comestibles contienne 97 % d'eau. Un bureau d'information sur les succédanés a été organisé en mars 1917 auprès de la section économique de l'office d'alimentation de guerre. Il lui a été communiqué plus de 10.000 succédanés différents, dont 7.000 se rapportent à des matières alimentaires.

rédigé par l'Union centrale du commerce allemand de gros. Sa caractéristique est de donner aux groupements professionnels un rôle très important comme organes consultatifs du Département de l'Economie nationale créé par le Décret du 21 octobre 1917. Ce sont eux qui, sous la présidence du représentant du gouvernement, doivent être chargés d'étudier toutes les questions concernant l'industrie, le grand et le petit commerce, les métiers, l'agriculture, la navigation, la banque. L'intérêt de ce programme réside en ceci, qu'il associe étroitement l'action officielle et l'activité privée : c'est le caractère propre de toute l'organisation allemande et ce qui fait sa force.

Les Associations dont nous venons de citer quelques-unes sont bien antérieures à la guerre[1]. Il s'en fonde de nouvelles, répondant aux besoins nouveaux. Ainsi une grande société est en préparation à Hambourg avec la participation de toute l'Allemagne, pour le développement des affaires allemandes outre-mer. Elle formera un organe de coordination pour la reprise des anciennes relations commerciales et la création de contrats nouveaux, et comportera, suivant un type que nous trouvons fréquemment en Allemagne, un Syndicat d'études, auquel est liée une Société financière. Le capital initial sera de 20 millions de marks ; une grosse augmentation en est déjà prévue.

Inutile d'insister sur l'efficacité des résultats que peuvent donner des organisations aussi puissantes.

4º Le rôle des Syndicats ouvriers

Les éléments populaires, qui sentent que leur bien-être dépend étroitement de la prospérité de l'Empire, s'intéressent vivement aux mesures propres à assurer cette prospérité.

Ainsi, les divers syndicats ouvriers et les associations

1. L'Association centrale des Industriels allemands date de 1876 et comptait en 1913 800.000 membres.

d'employés se préoccupent de la reprise de la vie économique après la guerre, et entendent bien faire prendre leurs idées en considération. Nous les trouvons exposés dans une pétition au Conseil de l'Empire et au Reichstag.

Ils demandent d'abord que des représentants des syndicats et des associations soient appelés à collaborer avec les commissaires impériaux pour étudier les mesures à prendre dans la période de transition. Ils veulent que le commerce : importation, exportation, distribution des matières premières, soit contrôlé de près par l'Etat. Il faudra garder l'Office impérial des céréales, la société centrale d'achats et les organismes connexes ; en même temps, encourager la formation et faciliter le fonctionnement des sociétés coopératives. On établira par voie législative un système uniforme de placement de la main-d'œuvre pour la totalité de l'Empire ; les patrons et les ouvriers participeront à son administration en nombre égal sans rémunération.

En somme, les syndicats placent leur confiance dans l'Etat et comptent sur lui pour atténuer les difficultés autant que possible.

Le projet de l'Europe centrale

Nous avons rapidement passé en revue quelques-unes des idées qui sont agitées aujourd'hui en Allemagne en vue de la reconstitution économique de l'Empire. Il faut maintenant parler du grand projet de formation d'une Europe centrale (Mittel Europa), qui engloberait l'Allemagne et ses alliés d'aujourd'hui, et s'étendrait de la Baltique au golfe Persique.

Le projet développé par le Dr Naumann dans un livre fameux est à la fois politique et économique. Nous laisserons de côté les considérations de l'ordre politique pour nous attacher seulement à celles de l'ordre économique, qu'il nous importe de bien connaître. La réalisation plus ou moins complète du plan de Naumann produira en effet des conséquences importantes, dont les répercussions peuvent agir sur l'application du blocus économique prévu par les Alliés.

L'évolution de l'idée en 1915.

Dès 1915 il s'était formé une Ligue économique allemande et austro-hongroise, qui tint son premier Congrès au mois de juin. La plupart des orateurs s'y prononcèrent en faveur de l'entente économique entre les deux empires ; un député autrichien se félicita des heureux résultats que l'Autriche pourrait retirer de cette union, en subissant l'influence féconde de la Kultur allemande et en profitant du talent d'organisation et d'administration des Allemands.

Mais dès ce moment les difficultés se laissèrent apercevoir. Ainsi, le président des associations professionnelles austro-allemandes conseilla de profiter des bonnes dispositions présentes pour arracher cette grande œuvre à l'incertitude du lendemain, qui pouvait amener des luttes pénibles : qui sait s'il ne se produirait pas entre l'Allemagne et la Monarchie de Habsbourg des dissentiments semblables à ceux qu'on n'a jamais pu faire cesser entre l'Autriche et la Hongrie ? Craintes justifiés, comme nous le verrons tout à l'heure.

Voici les conclusions qui furent adoptées à l'unanimité par le Congrès :

« Les membres du Congrès organisé par la Ligue économique allemande et austro-hongroise et par l'association austro-allemande, réunis le 28 juin 1915 dans le Palais de l'Industrie à Vienne pour examiner les relations politiques et économiques de l'Empire d'Allemagne et de l'Autriche-Hongrie font la déclaration suivante :

« Il faut qu'un rapprochement économique intime ait lieu entre les deux Empires centraux. Il faut que ce rapprochement se traduise avant tout par une alliance et une concordance aussi étroites que possible de la législation économico-politique. Un accord économique devrait se conclure, par lequel les deux Empires s'engageraient à une politique commerciale commune vis-à-vis des autres États. Cette politique serait basée sur des tarifs d'exportation convenus d'après un schéma douanier uniforme ; les tarifs ne seraient pas nécessairement les mêmes. Cet accord devrait en outre être fondé sur un traitement privilégié extensible à d'autres États, après accord des deux contractants. Dans ce traitement privilégié mutuel, il serait tenu compte de la nécessité de protéger par des tarifs compensateurs certaines natures de marchandises nécessitant une protection, à cause même des différences économiques des deux États.

« Enfin le Congrès juge urgent que les gouvernements de l'Empire et de la Monarchie commencent à instituer des conférences pour discuter les détails et les solutions du problème de l'union politico-économique, tel qu'il se discute dans les milieux politiques les plus influents des Empires alliés. Le Congrès décide de transmettre au ministre des Affaires étrangères et au Président du Conseil cette déclaration qui exprime le sentiment de tous ses membres. Il a nommé une commission destinée à continuer l'examen de la question et à préparer la matière de sa prochaine session. »

Pour l'union douanière.

En fait, la question fut à cette époque très vivement discutée. Le partisans de l'idée l'appuyèrent d'abord par des raisons d'ordre sentimental, tirées de la fraternité d'armes qui rapprochait les deux Etats : il fallait la resserrer par des liens plus étroits ; les habitudes de travail en commun prises par les états-majors et les chancelleries devaient faciliter l'opération.

Comme d'autre part il était à prévoir que la lutte économique continuerait entre les deux groupes de belligérants une fois la guerre finie, l'union était nécessaire pour soutenir cette lutte dans les meilleures conditions.

A la vérité les grands besoins financiers que les deux Empires auraient à satisfaire après la guerre étaient un argument contre la suppression des barrières douanières qui les séparent. Mais si l'on pouvait obtenir en Autriche-Hongrie une extension des contributions indirectes (monopoles, douanes) qui fournissent à l'Allemagne une part importante de ses revenus, et si l'on pouvait aussi, en appliquant certaines mesures, répartir également les contributions dans les deux Etats, la création d'une union douanière serait déjà bien plus facile à réaliser.

Remarquons que nous sommes en 1915, et que les Empires centraux ne doutent pas qu'ils ne soient complètement victorieux ; ils admettent donc qu'ils seront libres d'élever les tarifs entre eux et les autres Etats de l'Europe, ce qui leur permettra de restreindre ou de supprimer ceux existant entre l'Allemagne et l'Autriche. Les producteurs des deux pays se trouveront ainsi solidarisés, et leurs ressources seront accrues.

Plus un domaine douanier est vaste, plus il se développe au point de vue commercial, industriel et agricole, et moins nuisibles sont les taxes établies à ses frontières, moins il est dangereux de les augmenter. Il ne faut pas seulement songer aux tarifs existants, il faut encore en créer de nouveaux, il faut notamment penser à des droits de sortie et à des monopoles. Ainsi l'on pourrait en Allemagne établir un droit de sortie pour les charbons, la potasse, qui ne s'appliquerait pas à l'Autriche; et inversement, on créerait des taxes semblables sur des produits particulièrement autrichiens, qui seraient introduits librement en Allemagne. A cette heure les accords douaniers avec les grandes puissances que combat l'Allemagne n'existent plus, il faut donc profiter d'une occasion qui ne se représentera pas de sitôt. D'ailleurs le traité avec l'Autriche devra être conclu avant qu'on puisse discuter avec d'autres Etats de nouveaux accords douaniers.

Les mêmes considérations qu'invoquent aujourd'hui les adversaires d'une union douanière avec l'Autriche existaient plus ou moins lors de la création du Zollverein allemand. La Prusse a agi alors avec tact et habileté, elle a tenu compte de tous les intérêts, si bien que chaque Etat acquit bientôt la conviction qu'il avait fait une bonne affaire. Il faut espérer que les négociateurs d'aujourd'hui posséderont les mêmes qualités et que, les deux empires ayant conscience d'en avoir tiré profit, des Etats neutres voisins voudront eux aussi faire une bonne affaire et s'associer à cette alliance.

Contre l'union douanière.

Tels sont les arguments donnés par les partisans de l'union douanière. Ses adversaires défendent leur thèse par des raisons qui paraissent, à première vue, inspirées par l'esprit de parti protectionniste. Il faut rejeter, disent-ils, toute considération sentimentale. L'Allemagne, dont l'endurance économique a dépassé les prévisions les plus optimistes, ne doit pas s'écarter des principes, désormais éprouvés, de sa politique douanière. Des améliorations sont certes nécessaires; et il faudra s'en préoccuper, lorsqu'on préparera de nouveaux accords. Mais la protection du travail national a donné à l'Allemagne un marché intérieur qui lui permet aujourd'hui de se passer du marché étranger. Chez elle la vie économique du dedans n'a point fléchi, alors que chez ses adversaires, et notamment en France, la situation devient de plus en plus critique [1].

On peut soupçonner les libres-échangistes de vouloir aujourd'hui prendre un détour pour en venir à leurs fins. En appuyant l'union douanière austro-allemande ils nourrissent peut-être le secret espoir de faire brèche dans la politique traditionnelle de l'Empire allemand ; pour appliquer leur propre programme ils invoquent les motifs de haute politique et comptent sur l'appui des milieux populaires mal instruits des questions écomiques, mais séduits par le programme d'extension de la grande Allemagne.

Il ne faut pas oublier que l'importation austro-hongroise en Allemagne donne une recette douanière de cent millions de marks par an. En Autriche-Hongrie, quarante pour cent des recettes de douane proviennent de l'importation allemande. Les tarifs protecteurs sont donc, dans les deux Etats, des ressources financières indispensables qu'il faudrait remplacer. Or, étant donné le problème financier qui se posera après la guerre, même pour les vainqueurs, ces ressources ne sont pas à dédaigner.

Il suffirait peut-être d'établir entre les deux empires un accord par lequel ils s'assureraient mutuellement le traitement de la nation la plus favorisée. Mais une politique commerciale qui isolerait pour toujours l'Allemagne des pays avec qui elle est aujourd'hui en guerre serait bien imprudente. Il est nécessaire d'assurer à l'agriculture le marché intérieur et à l'industrie

---

d'exportation des commandes de tous les pays du monde.

Les objections les plus fortes ont été formulées par un socialiste hongrois, E. Varga, dans le numéro du 21 mai 1915 de la *Neue Zeit*, la principale des revues socialistes de l'Allemagne.

Tout d'abord les agrariens hongrois ne veulent pas de l'union douanière, pour la même raison que les hobereaux prussiens rejettent le libre échange. Jusqu'en 1898, la monarchie exportait ses produits agricoles, et ses exportations dépassaient de 300.000 tonnes ses importations ; progressivement elle importa davantage, et en 1912 c'étaient ses importations qui dépassaient de 500.000 tonnes ses exportations. Malgré cela, elle continue d'exporter en Allemagne un certain nombre de produits agricoles, mais ce sont des «produits de qualité », produits d'élevage, légumes, fruits, etc., autrement dit les articles que les grands domaines produisent le moins. En revanche l'Allemagne importe en Autriche-Hongrie beaucoup de froment et de seigle : en 1911, pour 8 millions de marks ; en 1912, pour 6 millions. Les prix du froment et du seigle varient très peu de Vienne à Berlin. Les agrariens hongrois n'ont donc aucune raison d'être chauds pour une union douanière. Mais ce sont surtout des motifs politiques qui influent sur leur attitude ; jusqu'à présent ils dictent les prix, et ne tiennent pas à voir leur domination autocratique ébranlée par cette union.

Les industriels hongrois pensent de même, pour d'autres raisons. Leurs rivaux allemands fabriquent à meilleur marché qu'eux et offrent leurs marchandises à des prix plus bas, si bien que, malgré les tarifs, leurs produits se vendent chaque jour davantage dans la monarchie. L'union douanière ruinerait les industries austro-hongroises, en particulier celles du fer, des machines, des produits chimiques, au grand détriment de la population ouvrière. Le nombre des sans-travail augmenterait formidablement. La lutte pour les salaires deviendrait de plus en plus âpre ; les conditions et la rémunération du travail de plus en plus mauvaises. La

Hongrie, pauvre en capitaux, serait livrée pieds et poings liés à l'Allemagne, qui, elle, travaille avec des capitaux abondants et bien organisés.

« Entre peuples une communauté douanière n'est possible que si l'on égalise et uniformise les autres institutions économiques ; elle nécessite une réglementation uniforme des banques, ainsi que des recettes douanières. Toutes les questions financières doivent être réglées de la même façon dans les deux pays. Enfin il est naturel que, dans un même domaine douanier, la politique intérieure qui, en dernière analyse est toujours une politique économique, soit de part et d'autre dirigée selon les mêmes principes. En un mot, il est difficile de réunir des États par une union douanière sans créer en même temps entre eux une communauté très étroite dans le domaine des impôts comme dans celui de la politique financière et étrangère. »

Réponse aux objections.

Ici comme toujours les questions sociales se trouvent étroitement liées aux questions économiques. Si l'union douanière est contraire aux intérêts économiques des ouvriers hongrois, le rattachement politique à l'Allemagne entraînerait de bons effets pour les classes ouvrières, la législation sociale étant beaucoup plus avancée en Allemagne qu'en Hongrie. L'union douanière rendrait la vie moins chère, et la collaboration de deux grandes puissances économiques, comme l'Allemagne et l'Autriche-Hongrie, ne pourrait qu'avoir d'heureux résultats sur l'avenir du prolétariat.

Mais ce sont là des raisons sentimentales. Retenons plutôt celles que donne le socialiste autrichien Sigmund Kaff[1] pour prouver qu'il ne faut pas prendre au sérieux l'argumentation de son camarade Varga.

Au fond les agrariens hongrois ne peuvent pas avoir la prétention d'écarter la concurrence agricole des pays

1. Dans la Revue socialiste *Die neue Zeit*, n° du 20 août 1915.

limitrophes des Empires centraux, Russie et pays balkaniques, d'autant plus que ces pays sont indispensables comme acheteurs de produits manufacturés allemands et autrichiens. Leur résistance présente n'est qu'une tactique ; ils emploient le vieux procédé qui consiste à demander le plus pour obtenir le moins.

Quant aux industriels, leurs craintes sont aussi exagérées. D'abord il est de nombreuses industries qui n'ont rien ou presque rien à redouter : le verre, la porcelaine, la pierre, la terre cuite, le bois, le pétrole, le malt, la bière, le lin, les chapeaux. Ensuite, les industriels autrichiens se verront dans la nécessité de re chercher un appui solide contre les grands concurrents du marché mondial ; ils ne le trouveront que dans un rapprochement avec l'Allemagne. Or ce rapprochement ne se fera qu'au prix de concessions mutuelles ; il exigera aussi la disparition des différences existant dans la législation sociale, industrielle, financière et fiscale. Enfin il ne s'agit pas du point de vue particulier de telle ou telle industrie, mais des nécessités de l'économie nationale. Le problème relève de la politique tout court. D'ailleurs on n'arrivera à l'union douanière que progressivement ; il faut commencer par régler les relations commerciales.

Reprise de l'idée par les modérés en 1916.

On voit donc que ces problèmes furent vigoureusement débattus au cours de l'année 1915. En 1916, les succès militaires obtenus par les armées allemandes donnèrent aux idées un autre courant. Les Pangermanistes essayèrent d'orienter les esprits vers des visées annexionnistes et de proposer comme buts de guerre des conquêtes de territoires.

Les modérés s'inquiétèrent de cette tendance et s'efforcèrent de rappeler aux Allemands que l'essentiel pour eux était moins d'accroître l'Empire que de former avec l'Autriche-Hongrie un bloc bien cimenté.

Pour ceux-là, la constitution de l'Europe centrale représente le plus important des buts de guerre : non qu'au jour de la conclusion de la paix elle puisse se trouver toute constituée, mais il faut que les grandes lignes en soient établies, et qu'on puisse faire peser ce projet dans la balance. « De quel profit [1] nous seront les garanties les plus étendues, si intérieurement nous ne sommes pas prêts, si la prochaine guerre ne nous trouve pas constitués en un ferme bloc économique, si nous ne créons pas quelque chose qui vaille la peine d'être « garanti » ? Il est vain de bavarder au sujet d'acquisitions territoriales et de paix durable, tant que les fondations de l'Europe centrale ne seront pas posées. Il faut d'abord que la maison soit debout, avant que l'on songe à la pourvoir d'un balcon d'où l'on ait une belle vue. »

Mais le public allemand ne s'intéresse pas à cette question si sérieuse ; ce sont les ennemis de l'Allemagne qui lui signalent l'importance que présente pour elle ce but de guerre, car pour lutter contre l'Europe centrale, ils s'efforcent de fonder une ligue économique, ils veulent eux aussi former plus tard un ensemble fermé. Il importe donc, concluent les modérés, d'attirer l'attention générale sur ces idées : c'est l'affaire des hommes d'État et des publicistes allemands ; que pour une fois ils fassent preuve de cet esprit politique qui leur manque à un si haut degré, selon le dire du prince de Bulow.

Le Congrès de 1917.

En effet, l'idée d'une entente économique chemine lentement. L'*Union germano-austro-hongroise*, qui a son siège à Berlin et que préside le professeur Paasche, premier vice-président du Reichstag, en est le principal foyer de propagande. Au printemps de 1917 elle a organisé un Congrès à Berlin avec l'*Union économique austro-allemande*, dont le siège est à Vienne, sous la présidence de l'ingénieur Max Friedmann, député au Reichstag, vice-président de la Fédération des fabricants de machines en Autriche ; et l'*Union économique*

1. *Deutsche Politik*, du 15 septembre 1916.

germano-hongroise, que préside à Budapest le baron J. Madarany-Beck, député au Reichsrat, vice-président de la banque hypothécaire hongroise. La discussion ne porta que sur des objectifs modérés : pas de fusion douanière, mais une simple entente ; avant tout, préparation d'un plan économique, nécessaire pour lutter contre la coalition des Etats ennemis de l'Allemagne.

D'ailleurs les questions douanières ne jouent pas un rôle décisif dans l'alliance économique projetée : de grandes tâches communes, notamment en ce qui concerne les transports, peuvent être encore plus importantes que les douanes : telles sont la liaison par un système de canaux des grands fleuves de l'Europe centrale, et le développement de la navigation intérieure.

Les déclarations échangées au Congrès furent en général très optimistes. Les Autrichiens admirent que le libre-échange entre les deux pays devait donner de grandes possibilités de développement à l'industrie autrichienne, dont 70 % n'a pas besoin de tarifs protecteurs en face de l'Allemagne ; il sera d'ailleurs nécessaire de la réorganiser après la guerre sur des bases nouvelles. Quant à l'agriculture, elle est assez différente dans les deux pays pour qu'on puisse établir un échange de produits. La Hongrie même a tout à gagner à mettre ses importations en commun avec celles de l'Allemagne ; elle a besoin du tonnage allemand plus encore que de concessions douanières : sa flotte marchande n'est que de 850.000 tonnes, et elle importe pour un milliard et demi de matières premières.

Les Hongrois voient à ce rapprochement économique un avantage d'un ordre particulier, qui serait de propager l'idée d'une meilleure répartition de la propriété. Alors qu'en Allemagne la grande propriété n'est que de 9 %, en Hongrie, elle est de 20 % de la terre arable ; il en résulte une infériorité économique qui s'est traduite par l'émigration d'un million d'habitants en dix ans.

Le Congrès a noté une résolution tendant à établir entre les deux Empires un accord douanier et économique qui assurera l'unité dans la politique commerciale ; on devra même arriver à la suppression complète des taxes dont le maintien est encore jugé indispensable aujourd'hui pour certaines marchandises, en raison des différences de situation économique entre les deux pays.

La navigation intérieure.

Un vœu a été émis aussi pour l'achèvement du réseau des voies fluviales ; la construction du canal Elbe-Oder-Danube, et du canal Rhin-Mein-Danube est une des tâches les plus urgentes au point de vue militaire, économique et politique, pour resserrer l'union des peuples de l'Europe centrale.

Sur ce point, aucune difficulté : Allemands et Austro-hongrois sont absolument d'accord sur l'importance des communications fluviales, et on peut prévoir qu'ils ne tarderont pas à passer de la conception à l'exécution [1].

Cette organisation économique de la Mittel Europa peut se concevoir sous des formes multiples, depuis la simple convention avec traité de commerce, jusqu'à la complète union douanière qui, supprimant toutes les barrières, établirait le libre échange dans toute l'Europe centrale. Mais les partisans de l'idée ne veulent pas se contenter de sa réalisation partielle par le traitement de la nation la plus favorisée ; ils visent l'uni-

1. Nous ne nous rendons pas en France suffisamment compte de l'importance du rôle joué en Allemagne par la navigation intérieure. Le tonnage transporté par le canal Rhin-Herne (Westphalie), qui fut de 592.000 tonnes en 1914, a atteint 3.297.508 tonnes en 1915 et 5.480.936 tonnes en 1916 (*Essener Volkszeitung*, 25 novembre) ; c'est par eau que la Société Centrale d'achat achemina vers l'Allemagne les céréales de Roumanie ; malgré l'irrégularité de la navigation du Rhin dans son cours supérieur, c'est par le Rhin qu'ont eu lieu les expéditions de Suisse en Hollande ; on s'est plaint que faute de main-d'œuvre pour les déchargements, le Rhin n'ait pas joué le rôle qu'il aurait dû jouer pour le ravitaillement de l'Alsace.

Les projets d'exécution des nouvelles lignes d'eau entre l'Allemagne et l'Autriche-Hongrie ont donné un renouveau d'énergie aux compagnies de navigation intérieure ; elles accroissent leurs flottes et leurs capitaux.

fication totale, qui assurera la mise en commun des efforts pour la conquête du marché mondial : plus d'empires économiques distincts, mais la fusion. « Seule l'union douanière peut assurer à tout jamais l'unité politique des Puissances centrales. Lorsque les régimes économiques se seront mêlés l'un à l'autre, que les intérêts se seront équilibrés, que la répartition du travail se sera faite, que l'unité commerciale des Puissances centrales sera devenue une réalité aux yeux du monde, alors le lien qui réunit les deux Empires ne pourra plus être dénoué ou déchiré sans entraîner pour l'un ou l'autre une catastrophe [1]. »

Quand les Autrichiens regimbent, les Allemands leur répondent en invoquant l'intérêt commun. Dans cette lutte formidable qu'il va falloir engager pour regagner le terrain perdu, les deux pays auront à supporter les mêmes fardeaux : couverture des dépenses de guerre, assistance aux invalides, aux orphelins, aux veuves, achat de matières premières, etc. Ils ne pourront faire face à ces dépenses que s'ils équilibrent leur passif en retrouvant un actif sur le marché du monde. Sans l'Allemagne et la communauté économique avec elle, l'Autriche-Hongrie est trop faible pour une pareille tâche. Elle a besoin de l'appui de l'Allemagne. Celle-ci d'autre part ne peut que gagner à une union douanière qui lui procurera un marché intérieur plus étendu [2].

1. Extrait de l'article « Union douanière ou politiques particulières », paru dans le n° du 17 avril 1917 de la revue *Die Hilfe*. Cette revue est l'organe du D' Naumann.

2. *Die Hilfe*, article déjà cité. Voir aussi le livre du D' Gustave Stolper : *Le problème économique de l'Europe centrale*, Franz Deutike, Leipsik, 1917.

VII

La politique d'expansion mondiale contre celle de l'Europe centrale

L'exposé que nous venons de faire de l'évolution des idées sur la Moyenne Europe au cours des trois dernières années montre l'existence des difficultés certaines qui entraveront plus ou moins la réalisation du projet cher au Dr Naumann. Les tenants de la politique coloniale en ont profité pour prendre l'offensive. Ils insistent sur ce que le projet contient de chimérique et de dangereux pour le pays lui-même. C'est ainsi que le Dr Forster écrit dans le *Berliner Tagblatt* :

« En faisant campagne pour prémunir l'Empire allemand contre un encerclement purement imaginaire, Naumann a réellement réussi à stimuler, dans l'intérieur de l'Entente, les tendances qui ont prévalu à la conférence économique de 1916, tenue par les Alliés à Paris. Les brochures et les articles de presse qui ont fourni la documentation à ses travaux se sont constamment référés au livre mémorable de Naumann, comme au symptôme le plus saillant des menaces du germanisme. Les thèses de l'auteur du Mittel Europa ont été plusieurs fois invoquées, à l'encontre de la politique libre-échangiste traditionnelle, par les nouveaux théoriciens anglais du bloc économique de l'Entente.

« Sur l'opinion publique, à l'intérieur même des puissances centrales, Naumann a agi fâcheusement dans la mesure où il l'a orientée vers une conception exclusive de leurs intérêts communs au lieu de faire apercevoir que leur prospérité économique ne pouvait pas s'édifier indépendamment des échanges avec les pays transatlantiques. L'argumentation de Naumann, agrémentée du romanesque Bagdad, a été décevante par l'illusion qu'elle créait d'une Europe centrale isolée de l'Occident par un réseau de fils de fer, et pernicieuse par l'effet qu'elle eut de provoquer contre l'Allemagne un danger qui n'existait pas antérieurement. Son vice essentiel a été son attachement à la politique stérile et périmée de l'égoïsme des groupements nationaux étroitement circonscrits.

« Plus la guerre mondiale se prolonge et plus il deviendrait impossible à l'Allemagne et à l'Autriche de payer leurs énormes dettes et d'aborder une nouvelle période de vie économique si, tenues par l'obsession de leurs appréciations bornées des intérêts de l'Europe centrale, elles se mettaient, par leur propre faute, dans le cas d'être exclues du libre commerce avec l'Occident et avec les pays d'outre-mer. »

S'il est bon que l'Allemagne et l'Autriche aient entre elles d'étroits rapports économiques, il ne faut pas porter cette idée à l'excès. En détournant les regards de l'Allemagne du marché mondial d'outre-mer, elle crée pour l'Empire un grand danger : avant la guerre, il exportait quatre fois plus chez ses ennemis que chez ses alliés ; la clientèle de ces derniers ne le dédommagera jamais de ce qu'il perderait.

Malgré tout ce qu'on peut leur dire pour tâcher de leur épargner des déceptions possibles, les Allemands savent fort bien que leur but de guerre le plus important est d'avoir les mêmes droits que leurs rivaux dans le trafic mondial, car sans le marché mondial ils seraient un peuple pauvre. Ainsi s'est exprimé le progressiste Oeser dans un discours prononcé à Francfort. Cette opinion tend à se répandre de plus en plus ; la presse s'efforce de faire comprendre au public que, dans cette guerre et dans le traité qui la terminera, la question économique est essentielle et l'emporte de beaucoup sur les remaniements de frontières et les annexions territoriales. Les syndicats ouvriers ont entrepris une propagande dans ce sens : il s'agit pour eux de savoir si, la paix revenue, ils pourront de nouveau travailler et gagner dans l'univers entier et non dans ce petit coin où ils sont en ce moment relégués. Ils savent que la Conférence de Paris vise à leur supprimer les matières premières, à les exclure de la clause de la nation la plus favorisée, à les empêcher de s'établir nulle part dans le monde, bref à les bloquer économiquement. Il faut rompre ce blocus, obtenir la liberté des mers et la porte ouverte partout.

Leur raisonnement est toujours le même. Le voici encore une fois tel que l'expose un publiciste qui fait autorité en matière colonial, le fameux Zimmermann [1].

La politique continentale, celle de la Moyenne Europe, est une politique de clocher qui ramènerait l'Allemagne au rang d'une puissance de troisième ordre. La question vitale pour l'Allemagne est d'avoir pour son industrie des matières premières à bon marché, sinon l'industrie allemande sera écrasée sur le marché mondial. Or, sans exportations industrielles, l'Allemagne est ruinée et perdue.

Mais ces matières premières à bon marché, le sol de la Moyenne Europe, en y ajoutant la Belgique, la Courlande, la Lithuanie, la Pologne, l'Ukraine, la Roumanie et en la prolongeant jusqu'à Bagdad, est incapable de les produire : le climat ne s'y prête pas ; la terre est trop chère et doit avant tout nourrir ses habitants ; la main-d'œuvre y fait défaut. Les matières premières doivent donc venir des terres à bon marché des pays vierges.

Une nécessité s'impose donc : au lieu de poursuivre des annexions européennes, créer un empire africain allemand. Bethmann-Hollweg y avait travaillé déjà, dans ses négociations avec l'Angleterre, rompant ainsi avec la politique de Bülow, dont le principe était la porte ouverte et qui visait uniquement à permettre aux Allemands de s'enrichir chez les nations et dans les colonies étrangères. La création d'un empire colonial,

___

1. *Prussische Iahrbücher*, n° de juillet 1917,

où les Allemands travailleraient chez eux, aurait même pour résultat, disait un de ses partisans, de rassurer les Anglo-Saxons, en leur enlevant la crainte de tentatives d'expansion à leur détriment.

Mais comment créer cet empire, alors qu'il est réduit à néant, puisque les Alliés ont conquis l'une après l'autre toutes les possessions coloniales de l'Allemagne ?

Tout d'abord les Allemands comptent bien que leur domaine d'outre-mer leur sera restitué dans son intégrité. Les plus formels sur ce point sont les socialistes. Dans son numéro du 11 décembre, la *Voix du Peuple*, de Chemnitz, pose ce principe à l'occasion des commentaires qu'elle fait sur la perte totale de l'Est africain allemand. Un autre journal socialiste, l'*Ami du Peuple*, de Karlsruhe, développe le même thème. Ils regardent les territoires que l'Allemagne a conquis en Europe comme une monnaie d'échange pour obtenir la restitution intégrale de ses colonies[1].

D'autres vont beaucoup plus loin et ne visent rien moins que la constitution d'un vaste empire central-africain allemand, étendu de la côte orientale à la côte occidentale de l'Afrique qui donnerait à l'Allemagne tous les produits bruts dont elle a besoin. Elle deviendrait ainsi une puissance mondiale qui n'aurait plus rien à craindre des autres.

Pour ces coloniaux, il importe peu d'annexer des terres à l'ouest ou à l'est, et de refouler les Russes vers l'Asie. Au contraire, ils réclament l'alliance russe obtenue par la modération envers le vaincu. Ils trouvent un appui chez les socialistes que la révolution russe a rendus russophiles, et qui sont ennemis par principe des conquêtes territoriales portant atteinte aux droits des peuples.

---

1. On notera aussi ces paroles très significatives du Chancelier Hertling : « Il faudra reviser la carte des possessions coloniales ».

VIII

La contre-offensive des Alliés

**1°— Les conférences parlementaires interalliées
de Paris et de Rome.**

Dans les pages qui précèdent, nous avons essayé de
donner une idée de la manière dont l'Allemagne pré-
pare, après la guerre, son relèvement économique, ou,
plus exactement, la reprise de son expansion mondiale.
Les mêmes facteurs qui ont agi avec tant d'efficacité
pour assurer son développement industriel depuis vingt
ans entrent encore en jeu : nous voulons dire les qualités de la race, et surtout, cette admirable et féconde
association de l'Etat avec les individus isolés ou grou-
pés, qui éveille et vivifie toutes les forces de la nation,
les rassemble, les fait concourir vers un but unique :
la grandeur de l'Allemagne. Si les Empires centraux
ne sont pas complètement vaincus et réduits à merci,
la lutte sera donc très dure.

Comment les Alliés se préparent-ils à la soutenir ?
Quels plans ont-ils formés, quelles mesures ont-ils
prises pour monter leur contre-offensive économique ?
Préparation indispensable, car la défensive pure serait
la défaite assurée.

Leur premier effort pour réaliser une entente économique remonte à 1916. Au mois d'avril, une Conférence parlementaire interalliée du commerce se réunit
à Paris. Une seconde se tint à Rome en 1917. La première avait été suivie, au mois de juin 1916, par une

conférence économique des gouvernements alliés qui se tint aussi à Paris sous la présidence de M. Clémentel. Depuis, plusieurs autres conférences des gouvernements se sont réunies à Paris et à Londres.

L'importance des conférences interparlementaires vient de ce que leurs membres se trouvent ainsi préparés à présenter dans leur pays respectif des propositions de lois conformes aux résolutions adoptées. L'étude approfondie des questions, qui donnent lieu à des rapports documentés, leur permet d'intervenir utilement dans la discussion des mesures législatives concernant les rapports économiques à établir entre alliés, neutres et ennemis.

Leur attention s'est portée sur les moyens d'organiser la défense contre les méthodes et les procédés par lesquels le commerce allemand a en quelque sorte imposé ses marchandises au monde entier grâce aux prix obtenus par le dumping qui écrasent l'industrie locale.

Ils ont aussi examiné les mesures à prendre pour entraver l'expansion économique des Allemands dans la période qui suivra immédiatement la fin de la guerre. Mesures nécessaires, non pas seulement à titre de représailles contre les dévastations de toute sorte qu'ils ont commises gratuitement, mais pour rétablir l'équilibre rompu au détriment des Alliés, surtout de la France et de la Belgique que l'invasion a si profondément atteintes dans leur vie industrielle. C'est une des vérités que M. Lloyd George a proclamés dans son discours du 5 janvier dernier aux délégués des Trade-Union :

« La situation économique, à la fin de la guerre, sera des plus difficiles. Tant d'efforts auront été consacrés à la poursuite de la guerre qu'il en résultera inévitablement une disette mondiale des matières premières. Cette disette augmentera d'autant plus que la guerre durera plus longtemps, et il est inévitable que les pays qui possèdent les matières premières voudront se servir d'abord eux-mêmes et leurs amis. »

Au cours de ces conférences, les délégués britanniques se sont toujours fait remarquer par l'énergie de leur attitude. Le grand publiciste anglais, M. Wikham Steed, directeur de la politique étrangère au *Times*, a écrit dans *l'Edinburg Review* que le plan de défense économique des Alliés devait comporter une période d'asservissement commercial pour l'Allemagne et pour les peuples qui ont fait cause commune avec elle. Cette période durera jusqu'à ce que les Alliés soient complètement indemnisés des dégâts et des pertes de toute sorte qui leur ont été infligés par la brutale agression dont ils furent victime.

Conformément à cette théorie, un délégué du Comité commercial de la Chambre des communes proposa à la Conférence de Paris la réquisition de tout le stock de marchandises d'exportation existant en Allemagne. Pour les échanges commerciaux un tarif douanier à trois échelons devrait être établi ; le premier échelon fonctionnerait entre les Alliés ; le second serait applicable aux neutres ; le troisième spécial à l'Allemagne et à ses alliés.

D'autres délégués anglais proposèrent des mesures encore plus radicales, dont l'application aurait permis d'étrangler complètement l'Allemagne. Leur excès même était un inconvénient, car pour qu'elles pussent être appliquées, il faudrait que l'Allemagne fût littéralement mise à genoux. Or plutôt que de se soumettre à des conditions lui rendant l'existence impossible, il est probable que, périr pour périr, elle préférerait périr les armes à la main, et prolongerait la lutte jusqu'à son dernier homme et à son dernier morceau de pain.

A Rome, c'est encore un Anglais, sir John Norton Griffiths, qui a posé en ces termes les principes sur lesquels les Alliés doivent se régler à l'égard des pays ennemis : « Nous devons nous souvenir que l'ennemi sera toujours en guerre et qu'il essaiera toujours de dominer toutes les autres nations. Avant d'entreprendre la reconstruction du temple de la paix, nous devons nous assurer que les fondations en seront solides ; il était construit sur un terrain mouvant de trahison et de supercherie ennemies, et nous manquerions à notre devoir d'hommes d'affaires si nous ne nous assurions pas, lors du rétablissement des fondations, que celles-ci reposent sur les bases de la justice. Nous savons que l'ennemi a perdu tous les droits d'être traité, comme par le passé, en camarade ; notre devoir envers les morts est de déclarer que nous ne voulons rien avoir de commun avec lui : nous n'avons pas confiance en lui et nous ne l'aiderons jamais. »

Nous donnons en Annexe le texte des résolutions adoptées par la conférence économique de Paris. Elles ont été commentées dans un mémoire présenté au gouvernement par la *Fédération des industriels et commerçants français*, à la date du 5 septembre 1916.

Dans ce mémoire elle insiste sur les points qui lui semblent les plus importants. Tout d'abord, il faut arriver à une entente sur la durée de la période accordée à l'Allemagne pour réparer les dommages qu'elle a causés : entente nécessaire, puisque les vues des intéressés peuvent diverger à ce sujet, ces dommages étant très différents pour la Belgique, la Serbie, la France d'une part, qui ont été envahies et ont subi la destruction d'un important matériel, et l'Angleterre d'autre part.

Leur réparation devra se faire en nature, par remplacement du matériel détruit ; ou, en cas d'impossibilité, en argent. Ces paiements donneraient lieu à des créances privilégiées.

Les Alliés se donneront une assistance mutuelle, aussi complète que possible, pour faciliter la reprise de leur vie économique ; cette assistance devra aller jusqu'aux mesures pouvant faciliter l'accès de la main-d'œuvre chez ceux qui en auront le plus pressant besoin.

En ce qui concerne les accords douaniers, les Alliés s'engagent à refuser à l'Allemagne le traitement de la nation la plus favorisée. Ils devront se l'assurer mutuellement, en précisant les cas prévus, et en spécifiant une exacte et complète réciprocité. Les traités antérieurs contenant cette clause devront être dénoncés, non seulement avec les ennemis, mais encore avec les États neutres qui leur en accordent le bénéfice. D'ailleurs les mesures à prendre à l'égard des neutres entraîneront des difficultés dont quelques-unes ne seront pas faciles à résoudre.

La législation sur les sociétés devra être modifiée pour permettre d'empêcher que des entreprises fondées ou dirigées en France même par nos ennemis ne mettent la main sur l'exploitation de nos ressources nationales.

Pour ce qui est de la propriété industrielle, s'il est difficile d'arriver à la législation uniforme en ce qui concerne les brevets, il n'en est pas de même en ce qui concerne les marques et les indications d'origine : il serait désirable de voir tous les Alliés adhérer à l'arrangement de Madrid du 14 avril 1891, visant la répression des fausses indications de provenance, et de l'imposer aux ennemis lors de la paix.

La Conférence de Rome a apporté quelques précisions. Un de ses vœux nous montre tout ce qui reste à faire dans cet ordre d'idées : Que les États alliés, a-t-elle dit, préparent en temps utile les conditions indispensables pour l'exécution des décisions de la Conférence de Paris, au sujet des débouchés compensateurs nécessaires aux Alliés qui, avant la guerre, avaient leur débouché principal dans les marchés des Empires du Centre.

Elle a aussi invité les gouvernements à étudier la constitution d'une union économique interalliée et à inscrire dans les traités de commerce à conclure entre alliés des clauses accordant un droit de préférence pour l'achat des matières premières, pour les émissions d'emprunts et pour les concessions coloniales[1].

---

1. On consultera pour le compte rendu des travaux de la conférence parlementaire de Rome la publication qui en a été faite par la librairie Alcan : *Conférence parlementaire internationale du commerce, 3ᵉ assemblée plénière*. Paris, Alcan, 1917.

2° L'œuvre déjà accomplie par les Alliés

C'est dans la première conférence économique des gouvernements alliés qui, nous l'avons déjà dit, s'est réunie à Paris en juin 1916 sous la présidence de M. Clémentel, qu'il faut chercher les bases des accords dont la réalisation doit nous donner les résultats visés. Elle a permis aux alliés de prendre le contact mutuel et a été le prélude nécessaire à toutes les conversations ultérieures. M. Clémentel l'a rappelé au Sénat le 7 février dernier, quand l'interpellation de M. Perchot lui a donné l'occasion d'exposer l'œuvre accomplie depuis deux ans, à laquelle il a pris une part personnelle très importante.

De cette conférence datent trois décisions essentielles :

1° Obligation pour tous les alliés, d'arriver à la reconstitution des pays envahis : cette dette prime toutes les autres.

2° Nécessité de refuser aux Empires centraux le régime de la nation la plus favorisée.

3° Conclusion d'arrangements spéciaux entre les alliés pour se réserver, avant tous autres, leurs ressources naturelles pendant toute la période de restauration.

Dès ce moment, M. Clémentel fixa le principe qui devait désormais diriger toute notre action :

« En réalité, la puissance économique de l'industrie d'une nation se mesurera, après la guerre, à l'influence qu'aura cette nation sur le contrôle de la matière première. »

Le premier organe créé pour répondre à ces besoins fut le « Wheat executive », comité exécutif du blé. Il comprend seulement un délégué pour chacun des États alliés. Son importance est capitale pour le ravitaillement. Il a aussi servi d'expérience et de modèle aux autres organismes interalliés d'achat et de répartition en commun.

Il fut suivi par le « Meats and fats executive » créé le 27 août 1917 pour le contrôle des matières grasses destinées à l'alimentation. Le comité exécutif pour le sucre et celui pour le nitrate sont venus ensuite.

D'autres sont à l'étude, annonce M. Clémentel. Peu à peu se réalise l'idée qu'il exprima au cours des conférences de Londres (août 1917) que « si l'Angleterre et la France se mettaient d'accord pour prendre ensemble le contrôle des matières premières dont elles sont les principaux producteurs, les alliés trouveraient une grande force dans cette organisation et pourraient éviter une terrible catastrophe au moment où la concurrence allait se déchaîner plus violente que jamais sur un marché terriblement appauvri. »

Reprenant les déclarations des ministres anglais Bonar Law et Lloyd George et du président Wilson, il a montré que les alliés disposaient d'une arme efficace et *décisive*, et qu'en l'employant ils *étaient dans leur droit, parce qu'ils prenaient à l'adversaire lui-même l'arme qu'il a inventée et forgée.*

Enfin, il a précisé qu'il ne s'agissait pas « de créer une ligue agressive et exclusive, qui perpétuerait éternellement le conflit ». Ce que nous voulons, c'est être servis en matières premières avant ceux qui ont déchaîné la guerre. D'ailleurs ils seront admis dans cette organisation s'ils souscrivent aux conditions de la paix « juste et humaine ».

Conclusion

Résumons et concluons.

Quelle que soit la manière dont les Allemands améliorent ce qu'ils ont appelé « la carte de guerre », nous sommes en droit de regarder les avantages ainsi obtenus par eux comme moins importants que ceux que nous possédons nous-mêmes. Les territoires qu'ils ont conquis ne doivent pas leur rester ; en dehors des exaltés du parti militaire, leurs hommes d'Etat, leurs parlementaires, leurs publicistes reconnaissent qu'ils devront les rendre. Ce sont seulement des gages entre leurs mains.

Mais nous en possédons de bien plus précieux. D'abord, toutes les colonies allemandes, dont nous nous sommes emparés. Les Allemands ne peuvent pas s'en passer ; pour les récupérer, ils feront des concessions.

Ensuite, le moyen que nous avons, si nous restons unis, d'exercer sur l'Allemagne et sur ses alliés une action durable et continue, qui se prolongera après la guerre aussi longtemps que nous le voudrons.

Pour commercer, se développer, vivre même, les Allemands ont besoin du marché mondial. Il leur est nécessaire pour se procurer les matières premières indispensables à leurs fabriques comme les denrées indispensables à leur alimentation ; il leur est aussi nécessaire pour écouler les produits de leur industrie.

Or nous avons la possibilité de nouer une entente nous permettant de fermer ce marché aux Allemands, donc de les atteindre aux sources mêmes de leur vie industrielle et alimentaire. Ils le sentent bien. De toute part, en Allemagne, les particuliers et les associations s'adressent au gouvernement pour attirer son attention sur les conditions qui seront faites après la guerre au commerce allemand. Voici, par exemple, ce que demande *l'Association allemande des traités de commerce* :

« Il faudra que les citoyens allemands soient autorisés à établir partout où ils le voudront des agences ou entreprises ; qu'ils puissent posséder des biens mobiliers ou immobiliers ; que l'Allemagne puisse fonder à l'étranger des écoles et des chambres de commerce.

« On devra exiger que les Allemands jouissent des mêmes droits que les nationaux et ne soient frappés d'aucun impôt particulier. Leurs marchandises devront être traitées comme les marchandises nationales. Toute désignation d'origine des marchandises devra être prohibée.

« La quantité de matières premières à fournir à l'Allemagne ne pourra être limitée. Il faudra des garanties que les prix de ces matières premières ne soient pas exagérés.

« Nous devons interdire toute prime d'exportation pour des articles capables de nuire aux importations allemandes.

« Nous ne pouvons admettre aucun boycottage des produits allemands.

« Par ces mesures, jointes à l'énergie de notre peuple, nous arriverons à être plus forts qu'auparavant. »

L'ennemi lui-même trace ainsi leur programme aux Alliés, et leur indique les points sensibles où le frapper. Qu'ils restent donc unis suffisamment pour maintenir un pacte économique ; que d'un commun accord ils déterminent les conditions dans lesquelles ils ouvriront leurs frontières aux importations allemandes et exporteront à destination de l'Allemagne. Le temps a travaillé pour eux, en ce sens qu'il a amené à leur côté presque tous les États civilisés. Il dépend donc d'eux de contrôler, de régler, de limiter l'expansion économique de l'Allemagne.

Des mesures à cet effet ont déjà été prises. D'autres sont prévues ; il importe que leur étude soit poussée assez loin pour qu'elles puissent être appliquées sans difficultés avant la conclusion de la paix, et même être employées comme une arme pour arracher à l'ennemi les concessions nécessaires. Au premier rang de ces concessions, la réparation des dommages de guerre et la remise en état des régions envahies. Réparation indispensable, sans quoi la France et la Belgique se trouveraient en face de l'Allemagne, qui les a attaquées, dans une infériorité économique écrasante.

Pour être efficace, l'effort des Alliés vers la réalisation de l'entente économique doit s'exercer dans la bonne direction. Il doit porter moins sur le règlement détaillé de leurs futures relations mutuelles que sur l'accord à établir contre l'Allemagne. Par l'unité de leurs volontés, ils doivent lui imposer des conditions telles qu'elle sera obligée de reprendre à pied d'œuvre la reconstruction de ce qu'elle appelle pompeusement son « édifice économique », qui est présentement effondré.

Regardons la carte du monde et comparons d'une part, l'Europe moyenne, telle que l'a forgée Naumann ; de l'autre, l'ensemble des pays qui peuvent former contre elle un bloc économique. Si nous savons cimenter ce bloc, mais à cette condition seulement, notre victoire finale n'est pas douteuse et nous serons en mesure de lui faire produire tous les résultats qu'elle comporte. Résultats si grands qu'ils valent bien que nous nous fassions entre alliés des concessions mutuelles, surtout qu'il s'agit d'éviter que les immenses sacrifices de toute sorte consentis au cours de ces longues années de guerre ne soient perdus pour nous et les nobles causes que nous défendons.

Annexe

Tableau faisant ressortir la supériorité des pays alliés pour quelques-unes des matières premières essentielles

	Allemagne	Autriche-Hongrie	Turquie	Total pour les Empires Centraux	États-Unis	Empire britannique	France et colonies	Italie	Belgique	Asie Japon Chine et Brésil, etc.	Total pour les pays alliés	Excédent à leur profit	Importations annuelles de l'Allemagne en millions de marks[1]
Coton (en millions de balles)........	»	»	200	200	14.610	7.000	»	»	»	7.000	28.610	28.410	607,1
Soie (en tonnes)..	»	302	945	1.247	»	»	405	4.060	»	15.600	20.065	18.818	158
Laine (en millions de balles)........	49,5	64	33	146,5	287,5	830	133,5	21,5	»	50	1.372,5	1.176,5	412,7
Jute (en millions de balles)..........	»	»	»	»	»	10	»	»	»	»	10	10	94
Cuivre pur (en milliers de tonnes).	45	4	»	49	566	143	13	26	»	65	813	734	335,3
Minerai de fer (en mill. de tonnes).	32.692	4.716	»	37.408	60.440	14.568	20.000	»	167	»	95.175	57.767	227,1
Minerai de zinc (en mill. de tonnes).	643	34	»	677	730	67	100	»	200	»	1.767	1.090	36,735
Minerai de plomb (en mill. de tonnes)	142	28	»	170	385	477	38	»	57	»	958.000	788	30.719
Minerai d'étain (en mill. de tonnes).	»	»	»	1	»	»	»	»	»	»	126	125	58,15
Charbon (en milliers de tonnes).	255.816	51.426	»	307.242	450.165	295.029	41.145	»	24.000	»	810.339	503.097	204,6
Caoutchouc (en milliers de tonnes).	»	»	»	»	»	»	»	»	»	»	129,5	129,5	146,8

1. Ces chiffres montrent bien à quel point les matières premières font réellement défaut à l'Allemagne.

TABLE DES MATIÈRES

Le Gérant : Edmond Schneider.

MAYENNE, IMPRIMERIE CHARLES COLIN